Le QUIZ du FOOT

Le petit livre des réponses

LAROUSSE

Direction de la publication : Sophie Chanourdie
Édition : Magali Marquet
Responsable artistique : Laurent Carré
Mise en pages : Pascale Darrigrand
Révision rédactionnelle : La Machine à mots
Fabrication : Jenny Vallée

21 rue du Montparnasse
75006 Paris
ISBN : 978-2-03-594440-5
Photogravure : Irilys
Imprimé en RPC
Dépôt légal : mai 2018
320007-01 / 11035933 • décembre 2017

Conforme à la loi n° 49956 du 16 juillet 1949
sur les publications destinées à la jeunesse.

Le QUIZ *du* FOOT

Textes :
Valentin Verthé

Illustrations :
Patrick Chenot

LAROUSSE

Le quiz du Foot est composé de 100 cartes, comportant chacune une question et indiquant la page du livre à laquelle se reporter pour connaître la bonne réponse.

Les cartes sont réparties en 7 catégories :

- Les règles du jeu
- Les joueurs légendaires
- Incroyables équipes
- Les records
- Entraîneurs et arbitres
- Foot insolite
- Une fabuleuse histoire

Le livre que vous tenez entre les mains comporte les règles du jeu et les réponses aux questions, ainsi qu'une mine d'informations passionnantes complétant les réponses.

Sommaire

Règles du quiz

Nombre de joueurs : 2 à 5

Âge : à partir de 8 ans

But du jeu
Se débarrasser de toutes ses cartes et cumuler un maximum de points.

Le jeu
Chaque joueur pioche une carte de chacune des 7 catégories et place ses 7 cartes devant lui, face contre la table. Le joueur le plus jeune joue le premier. Il retourne une de ses cartes, au choix.
Il annonce s'il s'agit d'une carte SOLO ou DÉFI, puis il lit la question qui figure sur la carte à haute voix.

S'il s'agit d'une carte SOLO, le joueur est le seul à avoir le droit d'y répondre. Après avoir répondu, il indique à quelle page du livre se trouve la bonne réponse.
Un autre joueur consulte le livre pour vérifier la réponse donnée.

- **Si la réponse est juste**, le joueur conserve la carte dans un tas devant lui, appelé sa « cagnotte ».
- **Si la réponse est fausse**, il pose sa carte au milieu de la table, dans un tas commun à tous les joueurs appelé la « poubelle », et pioche une autre carte de la même catégorie (s'il en reste, sinon d'une autre catégorie), qu'il place devant lui face contre la table, avec ses autres cartes.

Dans les deux cas, c'est ensuite au joueur situé à sa gauche de retourner une carte et de jouer.

S'il s'agit d'une carte DÉFI, tous les joueurs ont le droit de répondre.

Attention ! Il est interdit de répondre tant que la question n'a pas été lue en entier. Si un joueur répond trop vite, il pioche une autre carte de la même catégorie.

- Si le joueur qui répond le premier donne **la bonne réponse**, il remporte la carte DÉFI, qu'il conserve dans sa cagnotte.
- Si le joueur qui répond le premier donne **une mauvaise réponse**, il pose la carte DÉFI dans la poubelle et pioche une autre carte. Il place cette carte devant lui, face contre la table, avec ses autres cartes.

C'est ensuite au joueur situé à gauche de celui qui a retourné la carte DÉFI de jouer.

Si plusieurs joueurs répondent en même temps :

- s'ils sont plusieurs à donner en même temps la bonne réponse, aucun d'eux ne remporte la carte, qui est placée dans la poubelle. C'est alors au joueur situé à la gauche du joueur qui a retourné la carte DÉFI de jouer ;
- si certains joueurs ont donné des mauvaises réponses, ils piochent chacun une carte.

Fin de la partie

Le jeu est terminé lorsque l'un des joueurs n'a plus aucune carte devant lui. Chaque joueur compte alors le nombre de points qu'il a accumulés dans sa cagnotte : chaque carte SOLO a une valeur de 1 point, tandis que chaque carte DÉFI a une valeur de 2 points.

- Si le joueur qui s'est débarrassé de toutes ses cartes a le plus de points, c'est lui qui a gagné !

- Si ce n'est pas lui qui a le plus de points, il a la possibilité de répondre à toutes les cartes pas encore retournées (SOLO et DÉFI) du joueur de son choix, pour augmenter son score. Le joueur choisi lui pose alors, une par une, les questions des cartes qui lui restent.

Attention ! Le joueur qui s'est débarrassé de ses cartes est le seul à avoir le droit d'y répondre, même si ce sont des cartes DÉFI ! Il ajoute ensuite à sa cagnotte les cartes auxquelles il a bien répondu et jette à la poubelle celles auxquelles il a mal répondu.

Enfin, il calcule son nouveau score et le compare à celui des autres joueurs.

Cette fois-ci, c'est le joueur qui a le plus grand score qui remporte la partie.

Les règles du jeu

Carte 1

❷ En vessie de cochon.

Au XIXe siècle, les premiers ballons étaient fabriqués avec des vessies de cochon fourrées avec de la paille. C'est seulement plus tard qu'on utilisa du cuir et, enfin, plus récemment, des matières synthétiques.

Carte 2

Dans les collèges anglais, où le football est né au XIXe siècle, les élèves dormaient dans des dortoirs de 11 places.

Plus précisément, les dortoirs contenaient 10 places auxquelles s'ajoutait celle du surveillant. Celui-ci, appelé *keeper* (« gardien » en français), s'occupait de défendre les buts pendant les matchs. En fixant le nombre à 11 joueurs, chaque chambre pouvait avoir sa propre équipe !

Les règles du jeu

Carte 3

❸ 2,44 m (H) x 7,32 m (L).

Ces dimensions un peu « bizarres » nous viennent des Anglais, inventeurs du football, et dont les unités de mesure ne sont pas les mêmes que les nôtres. Depuis 1875, les mesures officielles des buts sont de 8 pieds de haut (2,44 mètres) pour 8 yards de large (7,32 mètres). Plus simple à retenir, non ?

Carte 4

❸ En 1970.

Jusqu'en 1970, les arbitres excluaient les joueurs de manière verbale, ce qui amenait beaucoup de confusion. Un jour, alors qu'il attendait dans sa voiture à un feu, l'arbitre anglais Ken Aston eut l'idée d'un système de cartons : « Le jaune servira à avertir un joueur, le rouge à l'exclure. » Il proposa son idée à la FIFA qui l'adopta lors de la Coupe du monde 1970.

Les règles du jeu

Carte 5

En 1885.

Le football féminin ne date pas d'hier ! Le premier match de football féminin a eu précisément lieu le 23 mars 1885 à Londres. La rencontre a vu s'opposer Londres Nord contre Londres Sud. C'est l'équipe de Londres Nord qui s'est imposée avec le score de 7-0 !

Carte 6

❷ Entre 410 et 450 g.

Les ballons doivent également avoir une circonférence comprise entre 68 et 70 centimètres et une pression comprise entre 600 et 1100 g/cm^2.

Les règles du jeu

Carte 7

1 En 1863.

À l'époque, tous les joueurs situés devant le ballon étaient considérés comme « hors-jeu ». Les passes vers l'avant étaient donc interdites, comme au rugby. Mais, dès 1873, cette règle fut modifiée, afin de ressembler à celle que l'on connaît de nos jours.

Les règles du jeu

Carte 8

2 Yosef Dagan.

Jusqu'en 1970, en cas de match nul, le choix de l'équipe qualifiée se faisait par tirage au sort. C'est après qu'Israël fut éliminé de cette manière lors de la demi-finale des Jeux olympiques de 1968 que le journaliste Yosef Dagan eut l'idée des tirs au but. Il proposa l'idée à la FIFA qui adopta cette règle.

Carte 9

Par tirage au sort.

Ce choix est effectué à l'aide d'une pièce de monnaie, par « pile ou face ».
On appelle cela le « toss » (du verbe anglais *to toss* qui signifie « jeter »).
L'équipe qui remporte le tirage au sort choisit le but contre lequel elle devra attaquer en 1re mi-temps. L'équipe qui a perdu le tirage au sort donne le coup d'envoi du match. À la 2de mi-temps, les équipes changent de côté de terrain et attaquent le but inverse.

Carte 10

❷ Retirent leur maillot après avoir marqué un but.

Depuis 2004, cette sanction est inscrite dans l'article 12 des Lois du jeu. Cette loi n° 12, qui concerne les fautes et les incorrections, précise que « les joueurs sont autorisés à exprimer leur joie lorsqu'un but est marqué, mais sans excès », et qu'« un joueur doit être averti si », notamment, « il enlève son maillot ou s'en couvre la tête. »

Carte 11

❷ En 1931.

À la fin de la rencontre France-Angleterre, le 14 mai 1931, les joueurs français étaient tellement heureux de leur victoire qu'ils proposèrent aux Anglais d'échanger leurs maillots, en souvenir du match. Ceux-ci acceptèrent et, pour la première fois de l'histoire, des joueurs échangèrent leurs maillots. Une tradition était née.

Carte 12

Le spray temporaire.

Celui-ci est utilisé par les arbitres afin de réaliser des marques au sol. Cette mousse, qui disparaît au bout de 2 minutes environ, permet de placer plus facilement et plus précisément le ballon au sol, ainsi que les murs de joueurs lors des coups francs.

Carte 13

❷ 17.

Les règles qui organisent et encadrent le jeu au football sont appelées « Les Lois du jeu ». Elles sont décrétées, protégées et améliorées par l'IFAB (l'International Football Association Board), qui veille à ce que toutes ces lois soient respectées de la même façon partout dans le monde. L'IFAB a vu le jour en 1886 au Royaume-Uni, dans le but d'harmoniser les critères de règlement du jeu qui différaient d'un pays à l'autre.

Carte 14

❷ En 1904.

La FIFA (Fédération internationale de football association) a été créée à Paris le 21 mai 1904 par 7 membres : la Belgique, les Pays-Bas, la Suisse, l'Espagne, la France, le Danemark et la Suède. L'année suivante, 4 nouveaux pays s'affilièrent : l'Italie, la Hongrie, l'Allemagne et l'Autriche. Depuis 1932, le siège de la FIFA est installé à Zurich, en Suisse. Son rôle est d'améliorer constamment le football à travers différentes actions.

Carte 15

❶ En 1891.

Vers la fin du XIXe siècle, les rencontres de football gagnaient en agressivité, ce qui obligea les responsables des fédérations de football à sanctionner les joueurs coupables de fautes volontaires. C'est ainsi que le penalty fut instauré en 1891. À l'époque, il était baptisé le « coup de pied de la mort » et pouvait être tiré depuis n'importe quel point situé à 11 mètres du but. Aujourd'hui, le point de penalty est placé à 11 mètres du milieu de la ligne de but et à égale distance des montants du but.

Les joueurs légendaires

Carte 16

Argentine et espagnole.

Cette question comportait un piège ! On croit souvent, à juste titre, que Lionel Messi est argentin, puisqu'il est né en Argentine, mais il possède également la nationalité espagnole depuis ses 18 ans. Il aurait pu choisir de défendre les couleurs de l'Espagne en équipe nationale, mais il a préféré choisir l'équipe de son pays d'origine.

Carte 17

3 Eusébio.

e Ballon d'or est une récompense ndividuelle qui couronne, chaque année, le neilleur footballeur du monde. Elle a été réée en 1956 par le magazine *France ootball*. Le premier lauréat fut l'Anglais tanley Matthews. Pour le moment, c'est ionel Messi qui détient le record de Ballons 'or gagnés avec 5 récompenses, suivi de ristiano Ronaldo qui l'a remporté 4 fois.

Carte 18

❷ Lothar Matthäus.

Vainqueur de la Coupe du monde avec l'Allemagne en 1990, Lothar Matthäus a participé à 5 Coupes du monde et a disputé 25 matchs (2 matchs en 1982, 7 en 1986, 7 en 1990, 5 en 1994 et 4 en 1998). En revanche, c'est Paolo Maldini qui, malgré le fait d'avoir disputé 2 matchs de moins, a joué le plus de minutes (2217 minutes, contre 2052 pour Lothar Matthäus !).

Carte 19

❶ Miroslav Klose.

L'attaquant allemand détient ce record avec 16 buts marqués en 4 Coupes du monde. Il devance sur le podium le Brésilien Ronaldo (15 buts marqués en 3 éditions) et l'Allemand Gerd Müller (14 buts marqués en 2 éditions). Concernant le record de buts marqués en 1 seule édition, il est détenu par le Français Just Fontaine qui a marqué 13 buts lors de la Coupe du monde en 1958.

Carte 20

Diego Maradona.

Depuis 1998, l'Église « maradonienne » en Argentine voue un culte au célèbre footballeur, considéré comme un dieu dans son pays. Cette Église célèbre Noël la veille de l'anniversaire de Diego Maradona et possède 100 000 adeptes dans le monde !

Carte 21

Des billets de banque.

Afin de rendre hommage à George Best, véritable idole en Irlande du Nord, 1 million de billets de 5 livres à son effigie fut mis en circulation. George Best est ainsi devenu le 1er sportif de l'histoire à être représenté sur un billet de banque !

Carte 22

❶ Bobby Charlton.

En 1958, il fut victime d'un terrible crash d'avion en compagnie de ses coéquipiers de Manchester United avec qui il venait de se qualifier pour les ½ finales de la Ligue des champions contre l'Étoile Rouge de Belgrade. Le bilan fut dramatique, puisque 21 personnes perdirent la vie, dont 8 joueurs de Manchester.

Carte 23

❸ Michel Platini.

Il fut recalé lors d'un test au FC Metz alors qu'il avait 17 ans. Les médecins du club l'avaient déclaré inapte à la pratique du sport de haut niveau. La légende raconte que le président du club aurait dit en le voyant jouer : « Ce garçon a de trop grosses fesses ! » Mauvaise analyse puisque, par la suite, Michel Platini remporta 3 Ballons d'or (en 1983, 1984 et 1985) !

Carte 24

❸ Le président américain Ronald Reagan.

Cristiano Ronaldo porte ce nom car sa mère aimait beaucoup Ronald Reagan (un ancien président des États-Unis) qui fut également acteur de cinéma avant de faire de la politique.

Carte 25

Pelé.

Le « roi » Pelé marqua un but lors de la rencontre opposant le Brésil au Pays de Galles en 1958, alors qu'il n'avait que 17 ans et 239 jours !

Carte 26

❶ Franz Beckenbauer.

Surnommé « der Kaiser » (l'Empereur), le défenseur Franz Anton Beckenbauer est le plus célèbre des footballeurs allemands. Il remporte la Coupe du monde avec son équipe d'Allemagne de l'Ouest, dont il est le capitaine, en 1974. Après sa carrière de footballeur, il devient le sélectionneur de l'équipe d'Allemagne de l'Ouest, avec laquelle il remporte la Coupe du monde en 1990.

Carte 27

③ Johan Cruyff.

À l'époque, le plus mythique des joueurs hollandais était sponsorisé à titre individuel par la marque Puma. Il refusa alors de porter le maillot de l'équipe nationale des Pays-Bas qui était, elle, sponsorisée par Adidas. Il menaça même de ne pas participer à la compétition. Après de longues discussions, les dirigeants d'Adidas acceptèrent finalement de confectionner un maillot spécialement pour le joueur, non pas à 3 bandes (le logo d'Adidas), mais seulement à 2 bandes !

Carte 28

❶ Il possédait une frappe superpuissante.

À tel point que le défenseur serbe est encore réputé comme l'un des meilleurs tireurs de coups francs de l'histoire du football. Lors de la Coupe du monde en 1998, pendant la rencontre Allemagne-Yougoslavie (2-2), l'un de ses coups francs toucha en plein ventre le joueur Jürgen Klinsmann. Le choc fut si violent que le joueur allemand dut être évacué du terrain.

Carte 29

2 L'araignée noire.

Lev Yachine est considéré comme le meilleur gardien de tous les temps. À ce jour, il est d'ailleurs le seul portier à avoir remporté le Ballon d'or (en 1963). Il remporta les Jeux olympiques avec l'équipe d'URSS en 1956, suivis de l'Euro en 1960. On lui attribua le surnom d'« araignée noire » en raison du maillot noir qu'il arborait à chaque match et de son incroyable envergure de bras.

Incroyables équipes

Carte 30

Huit pays.

Ces pays sont : le Brésil (5 victoires), l'Italie (4 victoires), l'Allemagne (4 victoires), l'Argentine (2 victoires), l'Uruguay (2 victoires), l'Angleterre (1 victoire), l'Espagne (1 victoire) et la France (1 victoire). C'est l'Allemagne qui a remporté la dernière Coupe du monde, en 2014, au Brésil.

Carte 31

❷ Faire construire son propre hôtel.

La Fédération allemande prit cette étonnante décision, afin de loger et de préparer ses joueurs dans les meilleures conditions durant le tournoi. Ce complexe hôtelier, baptisé *Campo Bahia*, a porté chance aux Allemands puisqu'ils ont remporté la compétition !

Carte 32

Le Brésil.

L'équipe brésilienne est la seule sélection à avoir participé à toutes les éditions de la Coupe du monde (20 éditions). Sur ses 20 participations, elle a remporté 5 fois le titre de Champion du monde (en 1958, en 1962, en 1970, en 1994 et en 2002), soit ¼ des victoires possibles !

Incroyables équipes

Carte 33

3 L'orange est associé à la famille royale.

ien que le drapeau des Pays-Bas soit e la même couleur que le drapeau rançais, l'équipe nationale néerlandaise ue en orange afin de rendre hommage la famille royale qui porte le nom 'Orange-Nassau. L'orange est d'ailleurs couleur nationale du pays.

Carte 34

2 Suite à une défaite du Brésil, le blanc fut proscrit.

Lors de la Coupe du monde 1950, le Brésil perdit en finale face à l'Uruguay, à la surprise générale, avec un score de 1-2. Le blanc devint alors symbole de malchance. Les dirigeants brésiliens décidèrent de changer la couleur des maillots en jaune afin d'oublier cette terrible défaite !

Carte 35

a Pologne.

ette équipe a connu son heure de gloire ans les années 1970-1980. À la surprise énérale, les Polonais remportèrent médaille d'or olympique en 1972 et rminèrent à la 3e place de la Coupe du onde en 1974, emmenés par le meilleur teur du tournoi, Grzegorz Lato buts). En 1982, ils terminèrent nouveau 3e en battant la France (3-2).

Carte 36

❸ L'Angleterre.

S'estimant trop forte, elle boycotta les 3 premières éditions. L'équipe britannique accepta finalement de participer à la Coupe du monde en 1950. L'équipe des « 3 Lions » fut éliminée, dès le premier tour, après avoir perdu contre l'Espagne (1-0) et les États-Unis (1-0), lui assenant ainsi une belle leçon de modestie

Carte 37

❸ Le Brésil.

En 1970, le Brésil remporta la Coupe du monde pour la 3e fois et eut le droit, conformément au règlement de l'époque, de garder le trophée définitivement (cette règle n'est plus en vigueur aujourd'hui). Cette précieuse coupe fut conservée par la Fédération du Brésil mais, en 1983, elle fut volée lors d'une exposition, et ne fut jamais retrouvée.

Carte 38

Le Real Madrid.

Cette équipe détient le record avec 12 titres (pour 15 finales disputées). Pour information, lors de sa fondation en 1902, le Real Madrid portait le nom de « Madrid Football Club ». En 1920, le roi d'Espagne, Alphonse XIII, qui était un grand amateur de foot, décida d'accorder au club le titre de « Real » (royal). Au sommet de l'écusson du club, on trouve d'ailleurs une reproduction de la couronne d'Alphonse XIII.

Carte 39

2 En hommage à la famille royale de Savoie.

Ce choix remonte au match opposant l'Italie à la Hongrie en 1911. Afin de rendre hommage à la famille royale de Savoie qui fut à l'origine de l'unification de l'Italie et dont la couleur officielle était le bleu, les dirigeants italiens décidèrent de confectionner des maillots de cette couleur.

Carte 40

❷ La Belgique.

Lorsqu'elle fut créée en 1960, cette compétition s'appelait la « Coupe d'Europe des nations ». Puis elle fut rebaptisée en 1968 « Championnat d'Europe des nations ». Aujourd'hui, on la surnomme plus communément l'« Euro ». Organisée par l'UEFA, elle a lieu tous les 4 ans et constitue la plus grande compétition masculine européenne de football entre nations.

Carte 41

L'Allemagne.

En effet, elle a disputé 8 finales pour 4 victoires, tandis que le Brésil a disputé 7 finales pour 5 victoires. L'équipe d'Allemagne a obtenu la plus large victoire de son histoire face à la Russie en 1912 (16-0). À l'inverse, la Mannschaft a subi sa plus grande défaite face à l'Angleterre en 1909 (9-0).

Carte 42

❸ Aucune prime n'est reversée aux joueurs de l'équipe slovène.

En revanche, les 2 autres informations sont véridiques ! Selon une étude scientifique, les équipes arborant un maillot rouge gagneraient 10 % de matchs supplémentaires. Cet avantage serait dû au surplus de confiance apportée par cette couleur vive. Quant aux joueurs de l'équipe de Côte d'Ivoire, ils sont bien surnommés « Les éléphants ».

Carte 43

La Nouvelle-Zélande.

Aussi surprenant que cela puisse paraître, la Nouvelle-Zélande est la seule équipe à n'avoir connu aucune défaite durant ce tournoi (3 matchs nuls/élimination au premier tour). L'Espagne, qui a remporté l'édition, avait perdu son premier match contre la Suisse.

Les records

Les records

Carte 44

3 31-0.

Le 11 avril 2001, lors d'un match de qualification pour la Coupe du monde 2002, l'Australie a battu les Samoa américaines avec le score de 31-0 ! Information amusante : face à tant de buts, la personne s'occupant du tableau d'affichage des résultats s'est trompée d'un but dans les additions et a inscrit 32-0 !

Carte 45

1 7-5.

Le quart de finale opposant l'Autriche à la Suisse, lors de la Coupe du monde 1954, s'est conclu par l'incroyable score de 7-5 en faveur des Autrichiens. Le match fut l'un des plus fous de l'histoire du football : en effet, les Suisses, qui jouaient à domicile, menaient 0-3 après seulement 19 minutes de jeu. Ils s'écroulèrent par la suite et perdirent la rencontre 7-5.

Carte 46

Seize ans.

C'est l'attaquant Julien Verbrugghe (d'origine belge) qui est le plus jeune joueur à avoir porté le maillot de l'équipe de France. Il joua son premier match en 1906 contre l'Angleterre. Julien Verbrugghe mourut durant la Première Guerre mondiale le 21 août 1916 au cours de la bataille de la Somme.

Carte 47

❸ La Hongrie.

La Hongrie a atteint à 2 reprises la finale de la Coupe du monde : en 1938, face à l'Italie, et en 1954, face à l'Allemagne de l'Ouest, mais elle ne sera jamais victorieuse. Lors de l'édition 1954, l'équipe hongroise marque 27 buts, ce qui en fait encore aujourd'hui la détentrice du record de buts marqués en une seule édition de Coupe du monde. C'est l'Allemagne qui détient le record de buts marqués, toutes éditions confondues, avec 224 buts.

Carte 48

3 Pelé.

Le célèbre Brésilien remporta la Coupe du monde 1958 avec son équipe alors qu'il n'était âgé que de 17 ans et 249 jours ! Le joueur le plus âgé ayant gagné une Coupe du monde est l'Italien Dino Zoff : il remporta le titre en 1982, à l'âge de 40 ans et 133 jours.

Carte 49

Trois cent cinquante décisions.

Autrement dit, les arbitres doivent prendre en moyenne 4 décisions par minute. On comprend mieux pourquoi ils commettent parfois des erreurs !

Carte 50

❷ Cinquante-six secondes.

Cinquante-six secondes seulement après le coup d'envoi de la rencontre Uruguay-Écosse en 1986, le défenseur uruguayen José Batista réalisa un tacle très violent par l'arrière sur le milieu de terrain écossais Gordon Strachan, qui lui valut un carton rouge !

Carte 51

1 Ravshan Irmatov.

Depuis la Coupe du monde 2014, cet arbitre ouzbek détient le record avec 9 rencontres arbitrées en Coupe du monde. Jusque-là, le record était codétenu notamment par l'arbitre français Joë Quiniou, qui a arbitré 8 rencontres en Coupe du monde, étalées entre 1986 et 1994.

Carte 52

Zinédine Zidane.

Il détient le record, avec 6 cartons (2 rouges et 4 jaunes) reçus en Coupe du monde. Seul un autre joueur a reçu 2 cartons rouges en Coupe du monde : le joueur camerounais Rigobert Song.

Carte 53

❶ Marquer 3 buts en 1 minute.

Il s'agit du triplé le plus rapide de l'histoire du football. Les Allemands ont finalement remporté la rencontre sur le score de 6-1.

Carte 54

❸ 199 854 supporters.

Ce record eut lieu lors de la finale Brésil-Uruguay de la Coupe du monde 1950 à Rio de Janeiro. À l'inverse, la rencontre ayant connu le moins de supporters se déroula en 1930 à Montevideo en Uruguay : seules 302 personnes assistèrent à la rencontre Roumanie-Pérou !

Carte 55

❶ Le Mexique.

Le Mexique détient ce triste record avec 25 défaites. À l'inverse, c'est l'équipe du Brésil qui a remporté le plus de rencontres avec 70 victoires.

Carte 56

Dix secondes.

C'est le joueur turc-albanais Hakan Sükür qui détient ce record : il marqua le but exactement 10,8 secondes après le coup d'envoi. Cet exploit a eu lieu lors de la Coupe du monde 2002, durant le match pour la 3e place opposant la Turquie à la Corée du Sud (victoire turque avec le score de 3-2).

Les records

Carte 57

❸ Vingt-six heures.

En juin 2010, Dan Magness a réussi l'exploit de jongler avec un ballon durant 26 heures d'affilée sans le faire tomber une seule fois ! Il détient un autre record : celui de la plus longue distance parcourue en jonglant (48 kilomètres !).

Carte 58

Quarante-deux ans.

C'est le Camerounais Roger Milla qui détient ce record. Il est devenu le plus vieux buteur de l'histoire de la Coupe du monde en marquant l'unique but pour son pays lors de la terrible défaite 6-1 contre la Russie en 1994.

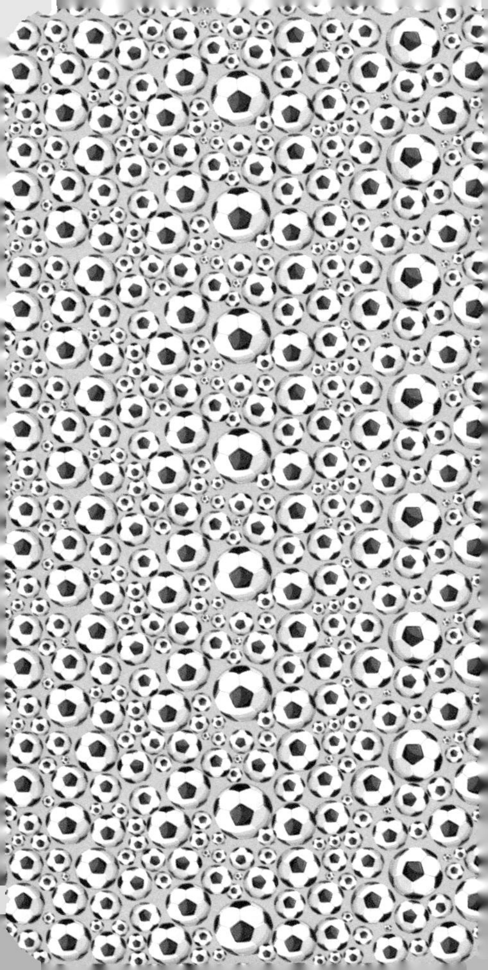

Entraîneurs et arbitres

Carte 59

❷ Ils avaient les cheveux longs.

Le sélectionneur argentin déclara qu'il ne retiendrait aucun joueur portant des cheveux longs, estimant qu'il était déshonorant de porter le maillot argentin avec « une coiffure de fillette ». Les joueurs Fernando Redondo et Claudio Caniggia refusèrent de se couper les cheveux et ne furent pas sélectionnés.

Carte 60

Huit cent mille euros.

Une sacrée somme ! La grande majorité de ces amendes a été donnée à entraîneur portugais pour des insultes aites envers des arbitres et des adversaires.

Carte 61

❸ Il joue dans un groupe de rock.

Slaven Bilić, entraîneur de la Croatie de 2006 à 2012, est une personnalité à part dans le monde du football. En effet, en plus d'être entraîneur, il est guitariste dans le groupe de rock Rawbau, qui fut premier du hit-parade croate en 2008.

Carte 62

1 Il a failli se faire kidnapper.

Le 23 mai 1978, la veille du départ de l'équipe de France en Argentine, Michel Hidalgo vécut une terrible mésaventure : il fut victime d'une tentative d'enlèvement par des personnes opposées à la Coupe du monde. Heureusement, il réussit à désarmer es agresseurs et à s'enfuir. l put partir en Argentine.

Carte 63

❶ Il se cacha dans un panier à linge.

En 2007, l'entraîneur de Chelsea fut suspendu pour un match après l'une de ses légendaires colères. Pour pouvoir donner ses consignes à ses joueurs, José Mourinho s'introduisit illégalement dans le vestiaire en se cachant dans un panier à linge !

Carte 64

Vingt-sept ans.

C'est l'Argentin Juan José Tramutola qui détient ce record depuis la toute première Coupe du monde en 1930. Malgré son jeune âge, Tramutola arriva à mener l'Argentine en finale. Malheureusement, son équipe perdit face à l'Uruguay (4-2).

Carte 65

❸ Alex Ferguson.

Alex Ferguson (Manchester United) détient ce record avec 209 rencontres à son actif. Il devance dans ce classement Arsène Wenger (201 rencontres) et Carlo Ancelotti (158 rencontres).

Carte 66

❸ Carlo Ancelotti.

Avec 3 titres chacun, Carlo Ancelotti et Bob Paisley détiennent tous les 2 le record du nombre de victoires en Ligue des champions. L'Italien a remporté la compétition avec l'AC Milan en 2003 et 2007, puis en 2014 avec le Real Madrid. L'entraîneur anglais a remporté, lui, le trophée avec Liverpool en 1977, 1978 et 1981. Pep Guardiola et José Mourinho ont tous les 2 remporté 2 victoires en Ligue des champions (respectivement en 2009 et 2011, et en 2004 et 2010).

Carte 67

Il proposa de rejouer la rencontre.

Suite à la qualification d'Arsenal après avoir marqué un goal en refusant de rendre le ballon dégagé volontairement en touche afin de soigner un joueur de Sheffield, Arsène Wenger proposa de rejouer la rencontre. Le nouveau match eut lieu 10 jours plus tard et se termina sur le même score de 2-1 pour Arsenal. Un très beau geste de fair-play.

Carte 68

❶ Il expu sa 18 joueurs.

Le 1er juin 1993, l'expulsion de 2 joueurs provoqua une bagarre générale qui dura plusieurs minutes. L'arbitre décida alors d'expulser 18 joueurs au total ! Ne restant plus que 2 joueurs sur la pelouse, la rencontre fut annulée.

Carte 69

1 Des joueurs n'avaient pas leur passeport.

L'arbitre menaça d'annuler la rencontre car 7 joueurs anglais n'avaient pas leur papier d'identité avec eux. Une moto de police fut envoyée en urgence à l'hôtel de l'équipe anglaise pour récupérer les précieux passeports. Le policier arriva juste à temps pour que le match ne soit pas annulé.

Carte 70

❷ Il donna 3 cartons jaunes au même joueur.

L'arbitre s'emmêla complètement les pinceaux ! Après avoir donné 2 cartons jaunes au joueur croate Josip Šimunić, il oublia de sortir le carton rouge. À la fin du match, il lui donna finalement un 3e carton et brandit enfin le rouge. Après cette erreur, Graham Poll décida d'arrêter sa carrière d'arbitre.

Carte 71

1 Carolina Morace.

À l'origine, Carolina Morace était une joueuse de football italienne. En 1991, elle obtient son 1er diplôme d'entraîneur. En 1999, elle devient la 1re femme à entraîner une équipe professionnelle masculine (l'AS Viterbese Calcio), mais elle démissionne après seulement 2 semaines, en raison de la pression médiatique.

Carte 72

Mâcher un chewing-gum.

En arrivant à Manchester United, Alex Ferguson avait la mauvaise habitude de cracher au sol. Des supporters, trouvant cela très déplaisant, se plaignirent auprès du président du club qui eut l'idée de donner des chewing-gums à Ferguson. Depuis lors, il n'a jamais cessé d'en mâcher, environ 10 tablettes par match !

Foot insolite

Carte 73

Sean Connery.

Il était si doué qu'il fut repéré par le manager du club Manchester United, qui lui proposa une offre. Mais Sean Connery déclina la proposition, préférant se consacrer à sa carrière de comédien. On ne saura jamais s'il aurait pu devenir un grand joueur de football, mais il est en tout cas devenu l'un des acteurs britanniques les plus connus au monde !

Carte 74

❷ Une marque de bière.

Didier Drogba est tellement célèbre en Côte d'Ivoire qu'un fabricant de bière a eu l'idée de baptiser une bière en son honneur. La Drogba est une bière d'un litre et son slogan est : « La bière de l'homme fort », en référence à la puissance de l'ancien attaquant de Chelsea et de l'Olympique de Marseille.

Foot insolite

Carte 75

Sur une nappe de restaurant.

Le footballeur Lionel Messi a signé son premier contrat avec le FC Barcelone à l'âge de 13 ans. Afin de s'assurer de faire signer le jeune prodige argentin, le recruteur du club catalan, Carles Rexach, rédigea le contrat sur la nappe du restaurant dans lequel il dînait avec Lionel Messi et ses parents !

Carte 76

❶ Il n’est composé que de Basques.

Plus précisément, l’Athletic Bilbao est uniquement composé, depuis sa création en 1898, de joueurs nés au Pays basque ou formés dans un club basque. Cette contrainte n’a jamais empêché l’Athletic Bilbao d’être la seule équipe, avec le FC Barcelone et le Real Madrid, à n’avoir jamais quitté la Division 1 espagnole.

Foot insolite

Carte 77

❶ Elle n'aimait pas les pays organisateurs.

En 1938, les dirigeants argentins furent vexés que l'Argentine n'ait pas été choisie pour organiser la Coupe du monde, et refusèrent de se rendre en France où avait lieu la compétition. En 1950, c'est l'ennemi juré, le Brésil, qui fut désigné organisateur. Les Argentins rouspétèrent en refusant de participer en 1950 et en 1954. Ils changèrent finalement d'avis en 1958 !

Carte 78

2 Le stade du Premier-Mai en Corée du Nord.

Ce stade, situé dans la capitale Pyongyang, possède une capacité de 150 000 places. Pour donner un ordre de grandeur, le stade de France contient 80 000 places, soit presque 2 fois moins !

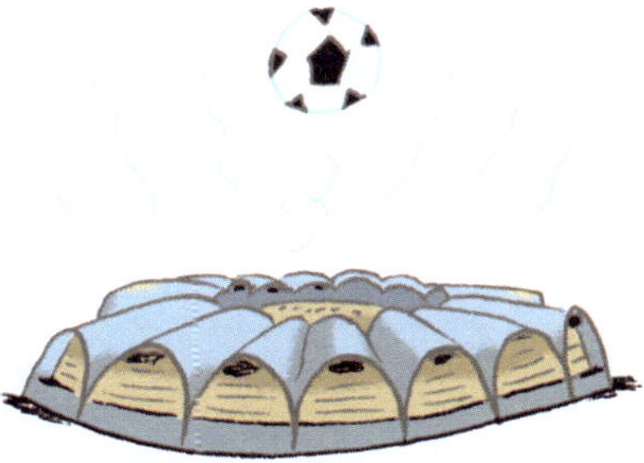

Foot insolite

Carte 79

Le taekwondo.

Durant sa jeunesse, l'attaquant suédois a longtemps hésité entre le football et le taekwondo. À 17 ans, il était même ceinture noire de taekwondo. Malgré son talent, il choisit finalement de se consacrer au football, pour la plus grande joie des passionnés de foot !

Carte 80

❸ De faux supporters.

Très peu de supporters nord-coréens reçurent la permission d'aller en Afrique du Sud pour assister à la Coupe du monde. Pour combler le vide dans les tribunes, le Comité du Sport nord-coréen eut l'idée de distribuer gratuitement 1000 billets à des supporters chinois, à la condition d'encourager la Corée du Nord.

Foot insolite

Carte 81

③ La Fédération rwandaise.

La croyance en la sorcellerie est courante au Rwanda et il n'est pas rare que des joueurs usent de pratiques relatives à cette croyance pour tenter d'influer sur l'équipe adverse et les résultats des matchs. Suite à de nombreuses plaintes, la Fédération rwandaise a décidé de sanctionner financièrement la sorcellerie : 100 000 francs rwandais (116 euros) pour les joueurs jugés coupables de sorcellerie, 200 000 francs pour les entraîneurs, 500 000 francs pour l'équipe.

Carte 82

❸ À l'aide d'un mouchoir blanc.

Le sifflet arbitral est apparu aux alentours de 1870. Avant cette date, les arbitres annonçaient leurs décisions en secouant un mouchoir blanc... moins pratique ! Le sais-tu ? Un arbitre de football court environ 13 kilomètres durant une rencontre !

Carte 83

Environ 43 km/h.

Des scientifiques hongrois de l'université Loránd Eötvös se sont amusés à calculer la vitesse moyenne d'une ola dans un stade de football. Selon leurs estimations, elle se déplace à la vitesse moyenne de 43,2 km/h.

Carte 84

❷ Il fut exclu à vie.

En 1989, lors du match de qualification pour la Coupe du monde, Roberto Rojas simula une blessure grave après qu'un fumigène tomba à côté de lui. Après analyse de la vidéo, on remarqua qu'il avait caché un scalpel dans son gant et s'était lui-même coupé le visage afin de gagner le match par forfait. Le Chili fut exclu pendant cinq ans de toutes compétitions et Roberto Rojas suspendu à vie.

Carte 85

❸ L'Angleterre.

L'équipe d'Angleterre avait été éliminée à 3 reprises lors des séances de tirs au but en Coupe du monde. Afin de remédier à cette « faiblesse psychologique », l'entraîneur Glenn Hoddle fit appel à une guérisseuse mentale lors du Mondial 1998. Résultat : l'Angleterre fut éliminée en 1/8e de finale contre l'Argentine... lors des tirs au but (4-3) !

Foot insolite

Carte 86

Les joueurs indiens ont refusé de mettre des chaussures.

Pour des raisons de sécurité, la FIFA interdit formellement de jouer pieds nus. Or, de nombreux joueurs indiens avaient l'habitude de jouer sans chaussures. Inflexible sur ce point, la Fédération indienne décida de déclarer forfait !